BEI GRIN MACHT SICH IHR WISSEN BEZAHLT

- Wir veröffentlichen Ihre Hausarbeit, Bachelor- und Masterarbeit

- Ihr eigenes eBook und Buch - weltweit in allen wichtigen Shops

- Verdienen Sie an jedem Verkauf

Jetzt bei www.GRIN.com hochladen und kostenlos publizieren

Bibliografische Information der Deutschen Nationalbibliothek:

Die Deutsche Bibliothek verzeichnet diese Publikation in der Deutschen National-
bibliografie; detaillierte bibliografische Daten sind im Internet über http://dnb.d-
nb.de/ abrufbar.

Impressum:

Copyright © 2017 GRIN Verlag, Open Publishing GmbH
Druck und Bindung: Books on Demand GmbH, Norderstedt Germany
ISBN: 9783668589469

Dieses Buch bei GRIN:

http://www.grin.com/de/e-book/383547/allgemeines-ueber-sozialleistungen-in-der-
bundesrepublik-deutschland

Simon Winzer

Allgemeines über Sozialleistungen in der Bundesrepublik Deutschland

Überblick und Definitionen

GRIN Verlag

GRIN - Your knowledge has value

Der GRIN Verlag publiziert seit 1998 wissenschaftliche Arbeiten von Studenten, Hochschullehrern und anderen Akademikern als eBook und gedrucktes Buch. Die Verlagswebsite www.grin.com ist die ideale Plattform zur Veröffentlichung von Hausarbeiten, Abschlussarbeiten, wissenschaftlichen Aufsätzen, Dissertationen und Fachbüchern.

Besuchen Sie uns im Internet:

http://www.grin.com/

http://www.facebook.com/grincom

http://www.twitter.com/grin_com

ALLGEMEINES ÜBER SOZIALLEISTUNGEN IN DER BUNDESREPUBLIK DEUTSCHLAND

Simon Winzer

Vorwort

Dieses Skript befasst sich mit Allgemeinem über Sozialleistungen in der Bundesrepublik Deutschland. Dabei wird nicht auf die Berechnung der einzelnen Sozialleistungen eingegangen. Vielmehr ist das Skript ein grober Überblick mit der Beschreibung der einzelnen Sozialleistungen.

Neben dem Überblick über die einzelnen Sozialleistungen definiert das Skript zunächst den Begriff „Sozialleistung" und „Leistungsträger". Zum Schluss geht es auf die Hinweispflichten der Leistungsträger, die Beantragung von Sozialleistungen, den Ausführungspflichten der Träger und den Verzicht durch die Berechtigten ein.

Stand der Gesetze ist Oktober 2017. In der Zukunft geplante Gesetzesänderungen sind somit nicht berücksichtigt.

Düsseldorf im Dezember 2017

Inhaltsverzeichnis

1. Übersicht über die Sozialleistungen im SGB I und deren Träger

Rechtsgrundlage: §§ 11, 12 SGB I

§ 11 SGB I enthält eine Legaldefinition für den Begriff „Sozialleistungen". Demnach sind Sozialleistungen Dienst-, Sach- und Geldleistungen, die aufgrund der Vorschriften der Sozialgesetzbücher und der in § 68 SGB I genannten Gesetze erbracht werden. Weiterhin regelt § 11 SGB I, dass die persönliche und erzieherische Hilfe zu den Dienstleistungen gehört.

Die §§ 18 bis 29 SGB I führen alle Sozialleistungen auf und nennen ebenfalls die für deren Erbringung zuständigen Leistungsträger. Die Legaldefinition des Begriffes „Leistungsträger" ergibt sich aus § 12 SGB I. Bei einem Leistungsträger handelt es sich hierbei um Körperschaften, Anstalten und Behörden, die für die Erbringung von Sozialleistungen zuständig sind.

Auf die verschiedenen Sozialleistungen und deren zuständigen Leistungsträger geht dieses Kapitel ein.

1 a) Leistungen der Ausbildungsförderung

Rechtsgrundlage: § 18 SGB I und die Bestimmungen im BAföG

Bei den Leistungen zur Ausbildungsförderung handelt es sich um Zuschüsse sowie Darlehen für den Lebensunterhalt und die Ausbildung. Dabei handelt es sich um Leistungen für Schüler und Studenten, die während der Schulausbildung, der Berufsausbildung oder des Studiums auf Hilfen zur Bestreitung des Lebensunterhaltes angewiesen sind. Hierbei erhalten die Leistungsempfänger grundsätzlich die Hälfte der gewährten Geldleistung vom Staat als Zuschuss, der nicht zurückzuzahlen ist. Die andere Hälfte wird grundsätzlich als zinsloses Darlehen gewährt und ist nach Abschluss der Ausbildung zurückzuzahlen.
Förderungen für Zeiten des Schulbesuches sind ein reiner Zuschuss und nicht zurückzuzahlen. Zusätzlich gibt es weitere reine Zuschüsse, beispielsweise für Mütter.

Zuständig für die Erbringung der Ausbildungsförderung sind die Ämter und Landesämter für Ausbildungsförderung.

1 b) Leistungen der Arbeitsförderung

Rechtsgrundlage: § 19 SGB I und die Bestimmungen im SGB III

Leistungen der Bundesagentur für Arbeit werden im Gesetz „Leistungen der Arbeitsförderung" genannt. Hierzu zählen die folgenden Leistungen:

- Berufsberatung und Arbeitsmarktberatung,
- Ausbildungsvermittlung und Arbeitsvermittlung,
- Leistungen
    - zur Aktivierung und beruflichen Eingliederung,
    - zur Berufswahl und Berufsausbildung,
    - zur beruflichen Weiterbildung,
    - zur Aufnahme einer Erwerbstätigkeit,
    - zum Verbleib in Beschäftigung,
    - der Teilhabe behinderter Menschen am Arbeitsleben,
- Arbeitslosengeld, Teilarbeitslosengeld, Arbeitslosengeld bei Weiterbildung und Insolvenzgeld.

Für diese Leistungen sind ausschließlich die Bundesagentur für Arbeit und die Agenturen für Arbeit zuständig. Sozialleistungen, die das Jobcenter erbringt, fallen nicht unter die Bestimmungen des § 19 SGB I. Für diese Leistungen ist § 19a SGB I einschlägig.

1 c) Leistungen der Grundsicherung für Arbeitssuchende

Rechtsgrundlage: § 19a SGB I und die Bestimmungen im SGB II

Nach dem Recht über die Grundsicherung für Arbeitssuchende (Arbeitslosengeld II) wird zwischen zwei unterschiedlichen Leistungen differenziert. So zahlt der hier zuständige Leistungsträger Leistungen zur Eingliederung in Arbeit und Leistungen zur Sicherung des Lebensunterhalts.

Leistungen zur Eingliederung in Arbeit sollen dazu dienen, den Leistungsempfänger auf dem Arbeitsmarkt zu integrieren. Dies können beispielsweise Bewerbungstrainings, aber auch Weiterbildungskosten sein. Die Leistungen zur Sicherung des Lebensunterhaltes sollen den

Empfängern den Lebensunterhalt sichern. Klassische Leistungen sind hier unter anderem das Arbeitslosengeld II oder Sozialgeld. Auch sogenannte Aufstocker, also Personen, deren Einkommen nicht das Grundsicherungsniveau erreicht, erhalten Leistungen zur Sicherung des Lebensunterhaltes.

Der zuständige Leistungsträger lässt sich hierbei nicht eindeutig ermitteln, da sowohl die Agenturen für Arbeit, die sonstigen Stellen der Bundesagentur für Arbeit, sowie die kreisfreien Städte und Kreise für diese Leistungen zuständig sind. Grundsätzlich wird diese Aufgabe durch das Jobcenter wahrgenommen. Die oben genannten Behörden und Städte entsenden Mitarbeiter an die Jobcenter, was teilweise zu Unmut führt, weil verschiedene Mitarbeiter für die gleiche Arbeit nach unterschiedlichen Tarifverträgen bzw. beamtenrechtlichen Vorschriften bezahlt werden.

1 d) Leistungen der gesetzlichen Krankenversicherung

Rechtsgrundlage: § 21 SGB I und die Bestimmungen im SGB V

Nach dem Recht über die gesetzliche Krankenversicherung können Versicherte folgende Leistungen in Anspruch nehmen:

- Leistungen zur Förderung der Gesundheit, zur Verhütung und zur Früherkennung von Krankheiten,
- bei Krankheit Krankenbehandlung, insbesondere
  - ärztliche und zahnärztliche Behandlung,
  - Versorgung mit Arznei-, Verband-, Heil- und Hilfsmitteln,
  - häusliche Krankenpflege und Haushaltshilfe,
  - Krankenhausbehandlung,
  - medizinische und ergänzende Leistungen zur Rehabilitation,
  - Betriebshilfe für Landwirte,
  - Krankengeld,
- bei Schwangerschaft und Mutterschaft ärztliche Betreuung, Hebammenhilfe, stationäre Entbindung, häusliche Pflege, Haushaltshilfe, Betriebshilfe für Landwirte, Mutterschaftsgeld,
- Hilfe zur Familienplanung und Leistungen bei durch Krankheit erforderlicher Sterilisation und bei nicht rechtswidrigem Schwangerschaftsabbruch.

Für die Erbringung dieser Leistungen sind alle gesetzlichen Krankenkassen (Orts-, Betriebs-, Innungs- und Ersatzkassen) sowie die Sozialversicherung für Landwirtschaft, Forsten und Gartenbau und die Deutsche Rentenversicherung Knappschaft-Bahn-See als Krankenversicherungsträger zuständig.

1 e) Leistungen der sozialen Pflegeversicherung

Rechtsgrundlage: § 21a SGB I und die Bestimmungen im SGB XI

Das Recht der sozialen Pflegeversicherung kennt die folgenden Sozialleistungen:

- Leistungen bei häuslicher Pflege:
  - Pflegesachleistung,
  - Pflegegeld für selbst beschaffte Pflegehilfen,
  - häusliche Pflege bei Verhinderung der Pflegeperson,
  - Pflegehilfsmittel und technische Hilfen,
- teilstationäre Pflege und Kurzzeitpflege,
- Leistungen für Pflegepersonen, insbesondere
  - soziale Sicherung und
  - Pflegekurse,
- vollstationäre Pflege.

Der Allgemeinheit werden als Leistungen der Pflegeversicherung die bis zum 31. Dezember 2016 geltenden Pflegestufen bzw. die ab 1. Januar 2017 geltenden Pflegegrade bekannt sein. Hierbei handelt es sich jedoch nicht um Sozialleistungen. Ein Pflegegrad ist lediglich die Anspruchsvoraussetzung für die oben genannten Leistungen.

Zuständig für das Recht der sozialen Pflegeversicherung sind die Pflegekassen. Jede gesetzliche Krankenkasse ist verpflichtet, eine eigene Pflegekasse zu besitzen. Ein Versicherter ist automatisch in der zu seiner Krankenkasse gehörenden Pflegeversicherung pflichtversichert.

1 f) Leistungen bei Schwangerschaftsabbrüchen

Rechtsgrundlage: § 21b SGB I und die Bestimmungen im SchKG sowie im StGB

Bei einem Abbruch einer Schwangerschaft können Sozialleistungen in Anspruch genommen werden. Voraussetzung hierbei ist, dass die Schwangerschaft nicht rechtswidrig abgebrochen wurde und im Sinne des § 218 Abs. 1 StGB nicht strafbar war. Eine Indikation ist dann nicht rechtswidrig, wenn entweder eine medizinische oder eine kriminologische Intention dahinter steht.

Zuständig für diese Leistungen sind dieselben Träger, die für die Erbringung der Leistungen der gesetzlichen Krankenversicherung zuständig sind.

1 g) Leistungen der gesetzlichen Unfallversicherung

Rechtsgrundlage: § 22 SGB I und die Bestimmungen im SGB VII

Nach den Vorschriften über die gesetzliche Unfallversicherung werden folgende Sozialleistungen gewährt:

- Maßnahmen zur Verhütung von Arbeitsunfällen, Berufskrankheiten und arbeitsbedingten Gesundheitsgefahren und zur Ersten Hilfe sowie Maßnahmen zur Früherkennung von Berufskrankheiten und arbeitsbedingten Gesundheitsgefahren,
- Heilbehandlung, Leistungen zur Teilhabe am Arbeitsleben und andere Leistungen zur Erhaltung, Besserung und Wiederherstellung der Erwerbsfähigkeit sowie zur Erleichterung der Verletzungsfolgen einschließlich wirtschaftlicher Hilfen,
- Renten wegen Minderung der Erwerbsfähigkeit,
- Renten an Hinterbliebene, Sterbegeld und Beihilfen,
- Rentenabfindungen,
- Haushaltshilfe,
- Betriebshilfe für Landwirte.

Zuständig für die Erbringung dieser Leistungen sind die verschiedenen Berufsgenossenschaften, die Unfallkassen der Feuerwehr und der Länder, die Forsten und Gartenbau als landwirtschaftliche Berufsgenossenschaft sowie die Unfallversicherung Bund und Bahn.

1 h) Leistungen der gesetzlichen Rentenversicherung einschließlich der Alterssicherung der Landwirte

Rechtsgrundlage: § 23 SGB I und die Bestimmungen im SGB VI und im ALG

Die Leistungen der gesetzlichen Rentenversicherung und der Alterssicherung der Landwirte haben gemein, dass deren Leistungen ein Leben im Alter ermöglichen sollen. Jedoch gelten für beide Alterssicherungssysteme verschiedene Rechtsvorschriften. Die Leistungen sind sich jedoch ähnlich.

So gehören zu den Leistungen in der gesetzlichen Rentenversicherung:

- Leistungen zur Prävention, Leistungen zur medizinischen Rehabilitation, Leistungen zur Teilhabe am Arbeitsleben, Leistungen zur Nachsorge sowie sonstige Leistungen zur Teilhabe einschließlich wirtschaftlicher Hilfen,
- Renten wegen Alters, Renten wegen verminderter Erwerbsfähigkeit und Knappschaftsausgleichsleistung,
- Renten wegen Todes,
- Witwen- und Witwerrentenabfindungen sowie Beitragserstattungen,
- Zuschüsse zu den Aufwendungen für die Krankenversicherung und
- Leistungen für Kindererziehung.

Die Alterssicherung der Landwirte kennt die folgenden Leistungen:

- Leistungen zur Prävention, Leistungen zur medizinischen Rehabilitation, Leistungen zur Nachsorge sowie ergänzende und sonstige Leistungen zur Teilhabe einschließlich Betriebs- oder Haushaltshilfe,
- Renten wegen Erwerbsminderung und Alters,
- Renten wegen Todes,
- Beitragszuschüsse und
- Betriebs- und Haushaltshilfe oder sonstige Leistungen zur Aufrechterhaltung des Unternehmens der Landwirtschaft.

Zuständig für die Erbringung der Leistungen sind die Regionalträger der gesetzlichen Rentenversicherung, die Deutsche Rentenversicherung Bund, die Deutsche Rentenversicherung Knappschaft-Bahn-See sowie die Sozialversicherung für Landwirtschaft, Forsten und Gartenbau.

1 i) Versorgungsleistungen bei Gesundheitsschäden

Rechtsgrundlage: § 24 SGB I und die Bestimmungen in den einzelnen Gesetzen

Für Gesundheitsschäden hat der Staat verschiedene Versorgungsleistungen geschaffen. Diese gelten sowohl für die Geschädigten, als auch für die Hinterbliebenen. Der Gesetzgeber sieht folgende Sozialleistungen vor:

- Heil- und Krankenbehandlung sowie andere Leistungen zur Erhaltung, Besserung und Wiederherstellung der Leistungsfähigkeit einschließlich wirtschaftlicher Hilfen,
- besondere Hilfen im Einzelfall einschließlich Leistungen zur Teilhabe am Arbeitsleben,
- Renten wegen anerkannten Schädigungsfolgen,
- Renten an Hinterbliebene, Bestattungsgeld und Sterbegeld,
- Kapitalabfindung, insbesondere zur Wohnraumbeschaffung.

Wichtig zu beachten ist allerdings, dass diese Leistungen nicht beispielsweise für einen privaten Freizeitunfall gezahlt werden. Der Gesetzgeber kennt nur die folgenden Versorgungsformen:

- die Versorgung von Kriegsopfern,
- die Versorgung von Opfern von Gewalttaten,
- die Versorgung von Soldaten,
- die Versorgung von Zivildienstleistenden,
- die Versorgung von Impfgeschädigten und
- die Versorgung von rehabilitierten, politischen Verfolgten.

Zuständig für die Erbringung der Versorgungsleistungen sind grundsätzlich die Versorgungs-, die Landesversorgungsämter und die orthopädischen Versorgungsstellen. Für die „besonderen Hilfen im Einzelfall" sind die Kreise, die kreisfreien Städte und die Hauptfürsorgestellen zuständig, während die Versorgung von Soldaten über die Bundeswehrverwaltung abgewickelt wird. In Fällen der Heil- und Krankenbehandlung sind die Träger der gesetzlichen Krankenversicherung zur Mitwirkung verpflichtet.

1 j) Kindergeld, Kinderzuschlag, Leistungen für Bildung und Teilhabe, Elterngeld und Betreuungsgeld

Rechtsgrundlage: § 25 SGB I und die Bestimmungen im BKGG und BEEG

Nach dem Bundeskindergeldgesetz wird Eltern von Kindern Kindergeld gezahlt. Auf das Kindergeld wird jedoch der sogenannte Familienleistungsausgleich angerechnet. Des Weiteren wird ein sogenannter Kinderzuschlag von maximal 170 Euro pro Kind gezahlt, der jedoch an einige Voraussetzungen gekoppelt ist. Darüber hinaus gibt es Leistungen für Bildung und Teilhabe von Kindern, die jedoch nur dann in Anspruch genommen werden können, wenn die Eltern Grundsicherung für Arbeitssuchende oder den Kinderzuschlag beziehen.

Zuständig für die Erbringung dieser Sozialleistungen sind grundsätzlich die Familienkassen, die bei der Agentur für Arbeit eingegliedert sind. Mitarbeiter im öffentlichen Dienst erhalten das Geld von einer beim Arbeitgeber eingegliederten Familienkasse.

Darüber hinaus gibt es für Eltern ein Elterngeld sowie ein Betreuungsgeld, das im Gesetz zum Elterngeld und zur Elternzeit geregelt ist. Der Anspruch auf Elterngeld besteht grundsätzlich für zwölf Monate nach der Geburt des Kindes, lässt sich aber für maximal zwei weitere Monate auf den Partner ausweiten. Alleinerziehende haben generell Anspruch auf eine Bezugsdauer von 14 Monaten. Das Elterngeld beträgt zwischen 65 bis 100 Prozent des Nettogehaltes der letzten zwölf Kalendermonate vor dem Monat der Geburt, mindestens aber 300 Euro und höchstens 1800 Euro. Das Elterngeld lässt sich zudem auf 28 Monate strecken, was jedoch zu einer monatlichen Auszahlung in halber Höhe führt. Zudem gibt es ein Betreuungsgeld in Höhe von 150 Euro pro Monat, wer ein Kind innerhalb seines zweiten und dritten Lebensjahres ohne Inanspruchnahme öffentlicher Angebote (beispielsweise Kindertagesstätten) betreut. Die Leistung wird für maximal 22 Monate erbracht. Ein gleichzeitiger Bezug von Elterngeld ist unzulässig.

Für die Gewährung des Eltern- und Betreuungsgeldes sind von den einzelnen Ländern bestimmte Stellen zuständig. In Nordrhein-Westfalen sind das für das Elterngeld die Städte und Kreise, für das Betreuungsgeld die Familienkasse. Dies kann aber von Bundesland zu Bundesland unterschiedlich sein.

1 k) Wohngeld

Rechtsgrundlage: § 26 SGB I und die Bestimmungen im WoGG

Personen können als Zuschuss für den eigen genutzten Wohnraum oder einer angemieteten Wohnung Wohngeld beanspruchen. Für den Bezug von Wohngeld darf das eigene Einkommen und Vermögen bestimmte Grenzen jedoch nicht übersteigen. Zuständig für die Auszahlung des Wohngeldes sind nach Landesrecht bestimmte Behörden. Somit sind die Wohngeldstellen in jedem Bundesland verschieden. In Nordrhein-Westfalen sind hierfür die Kreise und kreisfreien Städte zuständig.

1 l) Leistungen der Kinder- und Jugendhilfe

Rechtsgrundlage: § 27 SGB I und die Bestimmungen im SGB VIII

Es gibt zahlreiche im Achten Buch Sozialgesetzbuch verankerte Sozialleistungen der Kinder- und Jugendhilfe. Diese umfasst folgende Leistungen:

- Angebote der Jugendarbeit, der Jugendsozialarbeit und des erzieherischen Jugendschutzes,
- Angebote zur Förderung der Erziehung in der Familie,
- Angebote zur Förderung von Kindern in Tageseinrichtungen und in Tagespflege,
- Hilfe zur Erziehung, Eingliederungshilfe für seelisch behinderte Kinder und Jugendliche sowie Hilfe für junge Volljährige.

Der sogenannte Unterhaltsvorschuss für Kinder, die von lediglich einem Elternteil erzogen werden und deren anderer Elternteil nicht regelmäßig oder gar nicht Unterhalt zahlt, ist ebenfalls eine Sozialleistung, auch wenn diese nicht explizit im Gesetzestext erwähnt ist.

Zuständig für die Erbringung dieser Sozialleistungen sind die Kreise und kreisfreien Städte sowie teilweise Gemeinden, die mit der freien Jugendhilfe zusammenarbeiten sollen. In der Regel haben die Städte hierfür Jugendämter eingerichtet, die je nach Kreis oder Stadt andere Namen erhalten.

1 m) Leistungen der Sozialhilfe

Rechtsgrundlage: § 28 SGB I und die Bestimmungen im SGB XII

Der Gesetzgeber hat zahlreiche Möglichkeiten geschaffen, um im Rahmen der sozialen Fürsorge Hilfe zu schaffen. Es gibt die folgenden Leistungen der Sozialhilfe:

- Hilfe zum Lebensunterhalt,
- Grundsicherung im Alter und bei Erwerbsminderung,
- Hilfen zur Gesundheit,
- Eingliederungshilfe für behinderte Menschen,
- Hilfe zur Pflege,
- Hilfe zur Überwindung besonderer sozialer Schwierigkeiten,
- Hilfe in anderen Lebenslagen

Die Sozialhilfe hat die Funktion der Grundsicherung und ist somit in der Regel genauso hoch wie die Grundsicherung für Arbeitssuchende. Hilfebedürftigen sollen hiermit die notwendigen materiellen Voraussetzungen gewährt werden, die für ein Mindestmaß an gesellschaftlicher, kultureller und politischer Teilhabe erforderlich sind.

Zuständig für die Erbringung dieser Sozialleistungen sind die Kreise und kreisfreien Städte, deren Ämter häufig „Sozialamt" oder „Amt für Sozialhilfe" heißen. Diese werden von den Gesundheitsämtern unterstützt und sind angehalten, mit den Trägern der freien Wohlfahrtspflege zusammenzuarbeiten.

1 n) Leistungen zur Rehabilitation und Teilhabe behinderter Menschen

Rechtsgrundlage: § 29 SGB I und die Bestimmungen der diversen Leistungsträger

Die letzten im Ersten Buch Sozialgesetzbuch angeführten Sozialleistungen sind die Leistungen zur Rehabilitation und Teilhabe behinderter Menschen. Zu den Leistungen der Rehabilitation und Teilhabe gehören:

- Leistungen zur medizinischen Rehabilitation, insbesondere
  - Frühförderung behinderter und von Behinderung bedrohter Kinder,
  - ärztliche und zahnärztliche Behandlung,

- o Arznei- und Verbandmittel sowie Heilmittel einschließlich physikalischer, Sprach- und Beschäftigungstherapie,
- o Körperersatzstücke, orthopädische und andere Hilfsmittel,
- o Belastungserprobung und Arbeitstherapie,
- Leistungen zur Teilhabe am Arbeitsleben, insbesondere
  - o Hilfen zum Erhalten oder Erlangen eines Arbeitsplatzes,
  - o Berufsvorbereitung, berufliche Anpassung, Ausbildung und Weiterbildung,
  - o sonstige Hilfen zur Förderung der Teilhabe am Arbeitsleben,
- Leistungen zur Teilhabe am Leben in der Gemeinschaft, insbesondere Hilfen
  - o zur Entwicklung der geistigen und körperlichen Fähigkeiten vor Beginn der Schulpflicht,
  - o zur angemessenen Schulbildung,
  - o zur heilpädagogischen Förderung,
  - o zum Erwerb praktischer Kenntnisse und Fähigkeiten,
  - o zur Ausübung einer angemessenen Tätigkeit, soweit Leistungen zur Teilhabe am Arbeitsleben nicht möglich sind,
  - o zur Förderung der Verständigung mit der Umwelt,
  - o zur Freizeitgestaltung und sonstigen Teilhabe am gesellschaftlichen Leben,
- unterhaltssichernde und andere ergänzende Leistungen, insbesondere
  - o Krankengeld, Versorgungskrankengeld, Verletztengeld, Übergangsgeld, Ausbildungsgeld oder Unterhaltsbeihilfe,
  - o Beiträge zur gesetzlichen Kranken-, Unfall-, Renten- und Pflegeversicherung sowie zur Bundesagentur für Arbeit,
  - o Reisekosten,
  - o Haushalts- oder Betriebshilfe und Kinderbetreuungskosten,
  - o Rehabilitationssport und Funktionstraining,
- besondere Leistungen und sonstige Hilfen zur Teilhabe schwerbehinderter Menschen am Leben in der Gesellschaft, insbesondere am Arbeitsleben.

Zuständig für diese Rehabilitationsleistungen sind die Träger der Arbeitsförderung, der gesetzlichen Krankenversicherung, der gesetzlichen Unfallversicherung, der gesetzlichen Rentenversicherung, die Versorgungsämter, die Jugend- und die Sozialämter.

2. Hinweispflichten der Leistungsträger

Rechtsgrundlage: §§ 13, 14, 15 SGB I

Die Leistungsträger, die für die Erbringung von Sozialleistungen zuständig sind, haben insgesamt drei verschiedene Hinweispflichten. Das ist zum einen die in § 13 SGB I geforderte Aufklärungspflicht, zum anderen bestehen noch eine Beratungspflicht (§ 14) und eine Auskunftspflicht (§ 15). Das folgende Kapitel beschäftigt sich mit diesen drei Pflichten der Leistungsträger.

2 a) Aufklärungspflicht

Rechtsgrundlage: § 13 SGB I

Für die Sozialleistungsträger besteht eine sogenannte Aufklärungspflicht. Das bedeutet, dass sie die Bevölkerung über Rechte und Pflichten im Rahmen der Sozialgesetze informieren müssen. Möglichkeiten hierfür können beispielsweise das Bereitstellen von Informationsbroschüren, das Erstellen von Pressemitteilungen oder öffentliche Vorträge sein. Wichtig ist hierbei zu beachten, dass es sich um Aufklärungspflichten für die Allgemeinheit handelt. Die individuelle Beratung einzelner Personen fällt unter die Beratungspflicht nach § 14 SGB I.

Fehlende Aufklärung der Bevölkerung kann beispielsweise bei verspäteter Antragsstellung zu sozialrechtlichen Wiederherstellungsansprüchen führen. Ein Beispiel hierzu ist die sogenannte „Mütterrente" aus dem Jahr 2014. Hier ließen die (auch öffentlich-rechtlichen) Medien verlautbaren, dass eine Antragsstellung nicht erforderlich sei. Tatsächlich galt das aber nur für Personenkreise, die zum 1. Juli 2014 bereits eine Rente bezogen. Die fehlerhafte Aufklärung hatte zur Folge, dass zahlreiche Personen, die einen Antrag hätten stellen müssen, diesen erst verspätet gestellt haben. Aufgrund der fehlenden Aufklärung mussten die Renten dann jedoch schon bereits rückwirkend ab dem 1. Juli 2014 gezahlt werden.

2 b) Beratungspflicht

Rechtsgrundlage: § 14 SGB I

Jede Person hat Anspruch darauf, über Rechten und Pflichten nach dem Sozialgesetzbuch beraten zu werden. Für die Beratung zuständig sind die Träger, denen gegenüber Pflichten zu erfüllen oder Rechte geltend zu machen sind. Das bedeutet, dass ein Träger der Arbeitsförderung nicht verpflichtet ist, einen Versicherten individuell in Bezug auf Krankengeld zu beraten. Allgemeine Auskünfte zu den Zuständigkeiten anderer Träger sollten aber dennoch gegeben werden, wenn sich erkennen lässt, dass eine dortige Beratung erforderlich ist.

2 c) Auskunftspflicht

Rechtsgrundlage: § 15 SGB I

Die Leistungsträger sind verpflichtet über alle sozialen Angelegenheiten nach dem Sozialgesetzbuch Auskunft erteilen zu können. Diese Auskunftspflicht ist aber insoweit eingegrenzt, dass die Auskunftsstelle nur insoweit Auskünfte zu geben braucht, zu deren Beantwortung sie imstande ist. Es ist jedoch für die auskunftsgebende Stelle verpflichtend den Versicherten die zuständigen Leistungsträger zu benennen und auf alle Sach- und Rechtsfragen hinzuweisen, die für den Auskunftssuchenden von Bedeutung sein können.

Die verschiedenen Leistungsträger sind untereinander dazu verpflichtet so zusammenzuarbeiten, dass eine möglichst umfassende Auskunft durch nur eine Stelle erforderlich ist. Deshalb sollte nur in Ausnahmefällen eine Auskunft bei mehreren Leistungsträgern erfolgen. Die Träger der Rentenversicherung sind zudem dazu befugt, Auskünfte über die staatlich geförderte Altersvorsorge (Riester- und Rürup-Renten) Auskünfte zu erteilen.

3. Antragsstellung

Rechtsgrundlage: § 16 SGB I

Um Sozialleistungen erhalten zu können, ist hierfür in den meisten Fällen das Stellen eines Antrages erforderlich. Nur die wenigsten Leistungen werden von Amts wegen erbracht. Grundsätzlich sind diese beim zuständigen Leistungsträger zu stellen. Sie können aber auch von allen anderen Leistungsträgern und von amtlichen Vertretungen der Bundesrepublik Deutschland im Ausland entgegengenommen werden. Ist ein Antrag von einer Frist abhängig und bei einem unzuständigen Leistungsträger eingegangen, dann gilt als Eingangsdatum der Eingang beim unzuständigen Träger.

Es ist zu beachten, dass Anträge nur bei Leistungsträgern im Sinne des Sozialgesetzbuches entgegengenommen werden können. So kann ein Antrag beispielsweise nicht bei der Feuerwehr, der Polizei oder dem Finanzamt rechtswirksam abgegeben werden, beim Bademeister im Schwimmbad der Gemeinde jedoch schon, wenn es sich hierbei nicht um ein privates Unternehmen (beispielsweise GmbH) handelt. Das Schwimmbad müsste hierfür komplett von der Gemeinde betrieben werden.

Der unzuständige Leistungsträger ist verpflichtet die Anträge schnellstmöglich an den zuständigen Leistungsträger weiterzuleiten. Des Weiteren sind alle Leistungsträger dazu verpflichtet darauf hinzuwirken, dass sachdienliche Anträge gestellt werden und unvollständige Anträge um entsprechende Angaben ergänzt werden.

4. Ausführungspflichten der Sozialleistungsträger

Rechtsgrundlage: § 17 SGB I

Die Sozialleistungsträger sind dazu verpflichtet dafür zu sorgen, dass die Leistungen recht- und zweckmäßig bei den Versicherten ankommen. So müssen die Leistungsträger darauf hinwirken, dass

- jeder Berechtigte die ihm zustehenden Sozialleistungen in zeitgemäßer Weise, umfassend und zügig erhält,
- die zur Ausführung von Sozialleistungen erforderlichen sozialen Dienste und Einrichtungen rechtzeitig und ausreichend zur Verfügung stehen,
- der Zugang zu den Sozialleistungen möglichst einfach gestaltet wird, insbesondere durch Verwendung allgemein verständlicher Antragsvordrucke und
- ihre Verwaltungs- und Dienstgebäude frei von Zugangs- und Kommunikationsbarrieren sind und Sozialleistungen in barrierefreien Räumen und Anlagen ausgeführt werden.

Menschen mit Sprach- und Hörbehinderungen haben zudem Anspruch darauf, bei der Ausführung insbesondere von Dienstleistungen in Deutscher Gebärdensprache, mit lautsprachbegleitenden Gebärden oder über andere Kommunikationswege kommunizieren zu können. Die Kosten hierfür hat der zuständige Leistungsträger zu tragen.

Auch für die Zusammenarbeit mit freien Einrichtungen (gerade im Bereich der Kinder- und Jugend- sowie der Sozialhilfe) gibt es Vorschriften. Demnach haben die Leistungsträger mit den freien Einrichtungen so zusammenzuarbeiten, sich ihre Tätigkeit und die der genannten Einrichtungen und Organisationen zum Wohl der Leistungsempfänger wirksam ergänzen.

Gemäß § 36 SGB I können Anträge von Personen gestellt werden, die das 15. Lebensjahr vollendet haben.

5. Verzicht auf Sozialleistungen

Rechtsgrundlage: § 46 SGB I

Versicherte haben das Recht auf Ansprüche von Sozialleistungen schriftlich zu verzichten. Dieser Verzicht kann jederzeit mit Wirkung für die Zukunft widerrufen werden. Ein Versicherter kann jedoch nicht auf eine Sozialleistung verzichten, wenn er dadurch andere Personen oder Leistungsträger belastet oder andere Rechtsvorschriften umgeht.

Es wäre daher beispielsweise nicht zulässig, dass eine Versicherte auf ihre Rente verzichtet, damit ihr Ex-Ehemann ihr weiterhin Unterhalt zahlen muss.

Darüber hinaus kann auf eine Sozialleistung nur auf fällige und für Zukunft zu erwartende Sozialleistungen verzichtet werden. Auf in der Vergangenheit geleistete Sozialleistungen kann hingegen nicht verzichtet werden. Das gilt auch dann, wenn diese Leistung zwar bewilligt, aber noch nicht ausgezahlt ist, beispielsweise bei der Nachzahlung einer Rente.

Anders als bei der Beantragung von Sozialleistungen reicht es beim Verzicht nicht aus, wenn der Versicherte das 15. Lebensjahr vollendet hat. Hier wäre dann zwingend die Zustimmung der oder des Erziehungsberechtigten erforderlich.

BEI GRIN MACHT SICH IHR WISSEN BEZAHLT

- Wir veröffentlichen Ihre Hausarbeit,
  Bachelor- und Masterarbeit

- Ihr eigenes eBook und Buch -
  weltweit in allen wichtigen Shops

- Verdienen Sie an jedem Verkauf

Jetzt bei www.GRIN.com hochladen
und kostenlos publizieren